Der Schnoor in Bremen

Der Schnoor in Bremen

Ein Portrait
A Portrait
Un Portrait
Un Retrato

Lutz Liffers (Text)

Ulrich Perrey (Fotos)

EDITION TEMMEN

Blick auf die rotbraunen Pfannen des sanierten Schnoorviertels. Im Hintergrund rechts überragt der Dachreiter der ehemaligen Klosterkirche St. Johannis das Quartier.

View over the roofscape of the refurbished Schnoor Quarter with its reddish-brown roof tiles. In the right-hand background, the ridge turret of St. John's church towers above the quarter.

Vue sur les tuiles rouges-brunes du quartier Schnoor rénové. A droite à l'arrière plan, le clocheton de l'église l'ancienne du cloître conventuelle St. Jean domine le quartier.

Vista a los tejados pardo rojizos del saneado barrio Schnoor. Atrás, a la derecha, se alza sobre el barrio la cumbrera de la antigua iglesia St. Johannis.

Der Schnoor in Bremen

Bremens ältestes Viertel

Wie an einer Schnur reihen sich kleine vielgestaltige Häuser entlang einer schmalen Straße, die dem Viertel seinen Namen gibt: Dem Schnoor. Tausende von Besuchern zieht es alljährlich in das älteste Viertel Bremens, um in den verträumten Gassen zu bummeln, den zahlreichen Kunsthandwerkern über die Schulter zu sehen oder in eins der vielen Restaurants, Cafés oder Kneipen einzukehren. Das Schnoorviertel ist in vielerlei Hinsicht eine Oase im Zentrum der Stadt. »Fast-Food« und internationale Handelsketten sucht man hier vergebens. Stattdessen dominieren Originalität und Kunst die Auslagen der kleinen Ladenlokale und Betriebe.

Aber auch nach Ladenschluß ist das kleine Quartier beliebter Treffpunkt, nicht zuletzt durch die zahlreichen kulturellen Angebote, wie dem Theater im Packhaus, Madame Lothárs Travestie Theater oder dem Museum im Packhaus.

Bremen's oldest Quarter

Like a string of pearls tiny cottages of varying design queue up along the narrow lane that gave the quarter its name: the Schnoor. Thousands of visitors are attracted every year by the oldest preserved quarter of Bremen, strolling through the dreamy lanes, watching the various craftsmen at work or frequenting one of the many cafes, restaurants and pubs. In many respects, the Schnoor is an oasis within the city centre. This isn't the place where you'd find fast-food restaurants or international brand chains, rather, a mixture of originality and art adorns the windows of the small shops.

And even after hours, this little quarter is a much coveted meeting place, not least because of its numerous cultural venues, such as the Packhaus Theatre, Madame Lothar's Travesty Theatre, or the Packhaus Museum.

Le plus vieux quartier de Breme

Comme des perles sur un fil s'alignent des petites maisons, de toute forme, le long d'une rue étroite qui a donné son nom au quartier: Le Schnoor. Des milliers de visiteurs sont attirés, chaque année par le plus vieux quartier de Brême, pour flâner dans les ruelles paisibles, regarder les nombreux artisans d'art au travail ou entrer dans un des nombreux restaurants, cafés ou bistrots. Le quartier Schnoor est, à beaucoup d'égards, une oasis dans le centre de la ville. On y cherchera en vain un »fast-food« ou une chaine de commerce internationale. C'est plutôt l'originalité et l'art qui dominent dans les étalages des petites boutiques. Mais aussi, après la fermeture des magasins, le petit quartier est un lieu de rencontre apprécié pour sa culture, comme le théatre Packhaus, le spectacle de travestis de Mme. Lothar ou le musée Packhaus.

El barrio más antiguo del Bremen

Como en un cordón de perlas se ordenan las casas pequeñas y de variadas formas, a lo largo de una calle angosta que le da el nombre al barrio: Schnoor (Cordón). Miles de visitantes son atraídos por el barrio preservado más antiguo de Bremen, para vagar por sus callejones de ensueño, para observar a los numerosos artesanos trabajando o para entrar en uno de los muchos restaurantes, cafés o bares. El barrio Schnoor es, por todos conceptos, un oasis en el centro de la ciudad. Este no es el lugar donde se pueden encontrar restaurantes de comida rápida o cadenas internacionales de tiendas. En su lugar domina la originalidad y el arte de adornar los escaparates de los pequeños comercios. Y también después del cierre de las tiendas este pequeño barrio es un concurrido lugar de encuentro, no en último lugar por la oferta cultural tan grande como por ejemplo:el Teatro Packhaus, el Teatro Trasvestí Madame Lothár o el Museo Packhaus.

Wunderliche Gestalten

Wer aufmerksam durch den Schnoor geht, begegnet einer wunderlichen Gestalt: An der Wüstenstätte wartet krumm gebückt, sein lahmes Bein vorgestellt, »Heini Holtenbeen« (»Holzbein«) - ein Bremer Original. Nach einem schweren Unfall verkrüppelt, lebte er verarmt im Schnoor Nr. 8, hielt sich mit Gelegenheitsarbeiten und Bettelei über Wasser und wurde durch seine schlagfertigen plattdeutschen Sprüche und Bemerkungen stadtbekannt. Er starb 1908 im St.-Jürgen-Asyl. Als man die nach einer Fotografie gestaltete lebensgroße Bronzefigur hier aufstellte, setzte man damit allen ehemaligen Bewohnern des Schnoorviertels ein Denkmal, lebten hier doch im 19. Jahrhundert vornehmlich die Ärmsten der Stadt, während sich die Wohlhabenderen schon lange außerhalb des engen unübersichtlichen Gassengewirrs der Bremer Altstadt niedergelassen hatten. Dass im Schnoor einst die Armen und Randständigen anzutreffen waren, hat eine lange Tradition, von der eine weitere wunderliche Gestalt zeugt, der »Jacobus Major«

Queer and strange figures

Strolling through the Schnoor with your eyes open you will sooner or later meet a queer figure: at Wüstestätte, »Heini Holtenbeen« (»Henry Peg-Leg«) will wait for you, bowed by age, his lame leg slightly pushed forward - a real original of Bremen. Crippled by an accident, the impoverished man used to dwell at Schnoor No. 8, living on the proceeds of the occasional errand and some begging and soon became famous all over the city for his witty remarks in Low German. He died at St. Jurgen's Asylum in 1908. When the commemorative bronze statue cast after a photograph of »Heini« was erected, it was more than merely a reminder of a living curio: it was a monument to all the former inhabitants of the Schnoor quarter, since this was where the poorest of the poor used to live throughout the 19th century, while those who could afford it had long since left the narrow lanes and moved to new spacious quarters outside Bremen's old centre.

The Schnoor being the home of the poor and marginalised had a long tradition that is rendered visible also by another strange

Personnages Étranges

Qui se promène attentivement au Schnoor rencontrera un personnage étrange: à la »Wüstenstätte«, »Heini Holtenbein« (Henry la jambe de bois) attend, tout courbé, sa jambe boiteuse légèrement en avant. Un original de Brême. Estropié après un grave accident, il habitait au n° 8 du Schnoor et survivait avec des petits boulots et en mendiant. Il était connu dans toute la ville grâce à ses remarques et ses reparties en bas-allemand. Il mourut en 1908 à l'asile St. Jürgen. Quand on a posé la statue en bronze, grandeur nature, faite d'après une photo, on a ainsi érigé un monument pour tous les habitants du quartier Schnoor. En effet, au 19ème siècle, c'était surtout les plus pauvres de la ville qui habitaient ici, alors que les plus riches s'étaient installés depuis lontemps à l'extérieur des ruelles étroites et confuses de la vieille ville brémoise.

Un autre personnage étrange témoigne de ce passé du Schnoor comme quartier des pauvres et des marginaux: c'est le »Major Jakobus«, au dessus de l'entrée du Packhaus. »Jux Major« comme les gamins nommaient cette statue, nichée dans le mur,

Figuras originales y curiosas

Quien camina atento a través del Schnoor se encuentra con una figura singular: en la Wüstenstätte espera, encorbado por la edad, con su pierna lisiada, ligeramente inclinada hacia delante, « Heini Holtenbeen«(»Enrique pierna de palo«), un auténtico nativo de Bremen. Lisiado después de un grave accidente, vivió pobre en el número 8 de Schnoor; se mantenía a flote con trabajos de ocasión y pidiendo limosna, pero pronto llegó a ser famoso en toda la ciudad debido a su capacidad de réplica de dichos y comentarios ocurrentes en el dialecto »Platt« (dialecto que se habla en la región de Bremen). Murió en 1908 en el Asilo St. Jürgen. Cuando fue erigida la figura de bronce en tamaño natural, hecha de una forografia de »Heini«, más que un merecido recuerdo a un personaje famoso, fue un monumento a todos los antiguos habitantes del barrio Schnoor. En el s. XIX vivieron aquí, por cierto, especialmente los más pobres de la ciudad, mientras que la clase pudiente hacía mucho que había dejado los callejones angostos y confusos, para instalarse en nuevos barrios, más espaciosos, fuera

über dem Eingang zum Packhaus. »Jux Major« nannten die Straßenkinder in einer Verballhornung des lateinischen Namens die Figur hoch oben in der Mauernische. Jacobus der Ältere, ein Jünger Jesu, wurde nach erfolglosen Missionsreisen durch Spanien von Herodes Agrippa hingerichtet. Die Heiligenlegende lässt seinen Leichnam auf wunderliche Weise durch das Mittelmeer bis ins galizische Santiago de Compostela gelangen, wo einer der wichtigsten Wallfahrtsorte der Christenheit entstand. Jacobus mit dem Symbol der Jacobsmuschel war fortan der Patron der Pilger und Reisenden. Zehntausenden von Jakobspilgern die in Bremen Station machten, wies sein Bildnis den Weg zur Jacobi-Herberge, wo die Fremden freundlich aufgenommen wurden. Die 1656 gegründete Jacobi-Majoris-Bruderschaft stand in dieser mittelalterlichen Tradition und kaufte an der Wüstenstätte ein Haus, das zur Unterstützung von Witwen diente, die über keinerlei Einkommen verfügten.

figure, namely the »Jacobus Major« over the entrance to the Packhaus warehouse. »Jesters' Major«, that's what the street urchins used to call the stone figure high up in its niche in a misinterpretation of its Latin name. St. James the Elder, Apostle of the Lord, is said to have been beheaded by King Herodes Agrippa. Later, his body was brought to the north of Spain, where the cathedral and city of Santiago de Compostela developed around his new tomb, soon to be one of Christianity's most important places of pilgrimage. Ever since, St. James with his pilgrim's hat, staff and shell has been the patron saint of pilgrims and travellers, and his image showed thousands of pilgrims who passed through Bremen the way to St. James' Hostel, where they would find a friendly welcome. The »Brotherhood of St. James the Elder« founded in 1656 was still related to this medieval tradition when it bought a house on Wüstestätte lane that was to provide support for widows without income.

»Heini Holtenbeen«

Bremens Wurzeln

»Heini Holtenbeen« und der »Jux-Major« erinnern bis heute an die Geschichte von Armut und Randständigkeit, für die das Schnoorviertel im 19. Jahrhundert stand. Nicht zufällig befand sich hier die Synagoge und die katholische St. Johannis Kirche - Katholiken und Juden waren im reformierten Bremen bis ins 19. Jahrhundert benachteiligte Minderheiten.

In der Frühgeschichte Bremens jedoch gehörte das Viertel noch zur wirtschaftlichen Keimzelle der schnell wachsenden Hansestadt. Spätestens ab dem 10. Jahrhundert siedelten hier Fischer, Handwerker und Schiffer in kleinen reetgedeckten Katen, die auf der Insel zwischen ungezähmter Weser und ihrem kleinen Nebenarm Balge auf niedrigen Warften errichtet wurden. Unterhalb des auf sicherer Düne gebauten Doms suchten diese ersten Bremer die Nähe zum Fluß und begründeten hier Macht und Reichtum Bremens. Hier befand sich eine Fährverbindung und ab 1244 eine erste Weserbrücke. Spätestens 1241 gründeten Franziskaner hier ein Kloster und bauten im 14. Jahrhundert die St. Johanniskirche - das Quartier prosperierte.

Bremen's roots

»Heini Holtenbeen« and the »Jester Major« still remind of the history of poverty and marginalisation, for which the Schnoor stood up to the late 19th century. Not by chance both the synagogue and the Catholic church of St. John's were to found in this quarter - both Catholics and Jews were underprivileged groups in Reformed Bremen.

In Bremen's early history, however, the quarter was at the economical centre of the rapidly growing Hanseatic city. This is where fishermen, craftsmen and traders settled not later than the 10th century, building their thatched cottages atop small mounds (to protect them from the floods) on little the tiny island between the then untamed River Weser and its side branch, the Balge.

Below the Cathedral that was constructed upon a protecting dune, the first Bremers would search the proximity of the river and thus contribute to the rise of the city to power and wealth. It was here that the first ferry service was installed and, from 1244, the first bridge spanned the Weser. By 1241, Franciscan monks had settled here, the construction of

en se moquant du mot latin (Jux veut dire rigolade en allemand). Jaques l'ancien, un disciple de Jésus, fut exécuté par Hèrodes Agrippa après avoir essayé de missioner l'Espagne. La legènde des saints raconte que son cadavre fut transporté miraculeusement à travers la méditerranée, jusqu'en Gallice, à Santiago de la Compostela où l'un des plus importants lieux de pélerinage de la chrétienté se développa.

Jaques avec le symbole de la coquille St. Jaques était désormais le patron des pélerins et des voyageurs. Pour des dizaines de milliers de pélerins qui sejournaient à Brême, son portrait indiquait le chemin vers l'auberge St. Jaques et les étrangers y étaient accueillis aimablement. La fraternité St. Jaques-Maforis, fondée en 1656 ,restait dans cette tradition médiévale en achetant à Wüstenstätte une maison qui servit à éberger des veuves sans revenus.

Racines de Brême

Heini Holtenbeen et le »Jux-Major« rappellent, jusqu'aujourd'hui, l'histoire de la pauvreté et la marginalité que représentait le quartier Schnoor au 19e siècle. Ce n'est pas par

de la parte antigua del centro de Bremen.

El Schnoor, en un tiempo hogar de los pobres y marginados, tiene una gran tradición que se pone de manifiesto en otra original figura llamada »Jacobus Major« (Santiago el Mayor) que descansa sobre la entrada de los almacenes Packhaus. «Jux Major« (»Bufón Mayor«) lo llamaban los niños de la calle en una falsa interpretación de su nombre en latín a su figura de piedra en el nicho sobre el muro.

Santiago el Mayor, un Apóstol de Jesús, fue ejecutado después de muchos viajes como misionero sin éxito a España, por Herodes Agrippa. La Sagrada Leyenda dice que su cuerpo fue transportado de una manera milagrosa a través del Mar Maditerráneo hasta Santiago de Compostela, en Galicia, donde porsteriormente fue erigida una Catedral alrededor de su nueva tumba y también donde nació uno de los más importantes lugares de peregrinación de los cristianos. Desde entonces Santiago el Mayor, con el símbolo de la vieira, ha sido patrón de peregrinos y viajeros, cuya imagen indicaba, a los miles de peregrinos que hacían estación en Bremen, los albergues del Camino de Santiago donde

Historische Postkarte vom Schnoor

Historical postcard of the Schnoor

Carte historique du Schnoor

Postal histórica del Schnoor

Die Jacobus-Major-Figur im Packhaus Wüste Stätte

hasard que la synagogue et l'église catholique St. Jean s'y trouvaient. Les catholiques et les juifs étaient, dans le Brême réformé du 19ème siècle, des minorités défavorisées.

Pourtant, dans l'histoire ancienne de Brême, le quartier était encore le centre économique de la ville hanséatique en plein essor. À partir du 10e siécle au plus tard, des pécheurs, des artisans et des bateliers s'y installérent dans des petites maisons au toit de chaume qui étaient construites sur la toute petite île, entre la sauvage Weser et son petit affluent le Balge. En dessous de la cathédrale, construite sur une dûne protectrice, les premiers Brémois cherchaient la proximité du fleuve et fondèrent ici la puissance et la richesse de Brême. À cet endroit, il y avait un ferry et à partir de 1241, des Franciscains fondèrent un cloître et construisirent au 14e siècle l'église St. Jean. Le quartier prospérait.

Le Balge, un affluent de la Weser qui coulait au milieu du quartier Schnoor d'aujourd'hui, eut une grande importance comme premier port de Brême. Les bateliers pouvaient remonter par le Balge jusqu'à la place du marché, avec leur chargement. Mais pour les habitants du Schnoor, le Balge

serían bien recibidos. La Hermandad de Santiago el Mayor, fundada en 1656 conservaba esa tradición medieval, por la que compró en la Wüstenstätte, una casa que servía para amparar a viudas que no recibían ningún ingreso.

Las raíces de Bremen

»Heini Holtenbeen« y »Jux Major« nos recuerdan todavía la historia de la pobreza y la marginación en las cuales se hallaba el barrio Schnoor en el s. XIX. No por casualidad se encontraban aquí juntas la sinagoga y la iglesia católica St. Johannis (San Juan): católicos y judíos eran minorías sin privilegios en el Bremen reformado.

En la historia reciente, sin embargo, el barrio ya pertenecía al centro económico de la ciudad anseática, que crecía rápidamente. A más tardar a partir del s. X inmigraron pescadores, artesanos y navegantes, construyendo sus cabañas de paja en la isla, entre el agua indómita del río Weser y su pequeño brazo, el Balge, en la cima de pequeños montículos para protegerse de las inundaciones. Debajo de la catedral construída sobre una duna segura, buscaron estos primeros pobladores de Bremen,

Der Balge, einem Nebenarm der Weser, der mitten durch das heutige Schnoorviertel floß, kam als erster Hafen Bremens dabei eine besondere Bedeutung zu. Bis zum Marktplatz konnten die Flussschiffer über die Balge mit ihrer Ladung gelangen. Für die Bewohner des Schnoors diente die Balge aber auch als Abwasserkanal, was immer wieder zu heftigen Auseinandersetzungen führte. So verpflichtete der Rat der Stadt die Anwohner, vor dem Entleeren der Nachttöpfe ein Klingelzeichen zu geben, um die auf der Balge passierenden Schiffer zu warnen.
Von der ursprünglichen Siedlung ist heute nichts mehr zu sehen. Die ältesten heute noch erhaltenen Häuser stammen aus dem 15. Jahrhundert, jedes spätere Jahrhundert fügte dem Quartier neue Bauten hinzu. Im Zweiten Weltkrieg blieb der Schnoor zwar weitgehend von Zerstörungen verschont, doch die Armut der Bewohner hatte seit Jahrzehnten Restaurierungen und Reparatur verhindert, so dass die Häuser Mitte der 50er Jahre einen erbarmungswürdigen Anblick boten.

their St. John's church following in the 14th century – the quarter prospered.
The Balge, a branch of the Weser running right through the Schnoor quarter, was particularly important in that it provided Bremen's first river harbour. Goods could be shipped on small barges on the Balge right to Market Square. For the inhabitants of the Schnoor, on the other hand, the Balge provided a convenient means of disposing of their sewage – a fact that lead to numerous disputes. In one instance, the city council had to admonish the »Schnoorians« to ring a bell before emptying their chamber-pots, so as to warn the sailors passing by on the Balge.
Nothing has been preserved of the original settlement, the oldest houses date back to the 15th century, and every following epoch added new buildings to the quarter. In contrast to many other parts of Bremen, the Schnoor suffered only minor damages during World War II. However, the poverty of the dwellers had prevented any preservation measures long before the war, so by the mid-1950s the houses were in a particularly pitiable state.

était aussi utilisé comme égout, ce qui conduisait toujours à des querelles animées. C'est pourquoi le conseil de la ville obligea les habitants à donner un signal avant de vider leur pot de chambre, pour prévenir les bateliers passant par le Balge.
On ne voit plus rien aujourd'hui de la première aglomération urbaine. Les plus vieilles maisons conservées jusqu'aujourd'hui datent du 15ème siècle et chaque siècle suivant ajouta au quartier des nouveaux bâtiments.
Pendant la deuxième guerre mondiale, le Schnoor a bien été épargné par les destructions et pourtant la pauvreté des habitants avait, depuis des décennies, empêché les réparations et les restaurations. C'est pourquoi, au milieu des années 50, les maisons étaient dans un piteux état.

Un nouveau quartier prend naissance

En 1959, le sénat décida de rénover complètement tout le quartier. À l'encontre de l'esprit des années 50, on renonça à démolir les vieilles maisons et se décida à restaurer le quartier Schnoor. Avec des subventions de l'état les propriétaires des maisons furent encouragés à la remise en état de leurs constructions

la cercanía del río, lo que contribuyó al surgimiento del poder y la riqueza de la ciudad. Aquí se instaló el primer servicio de transbordadores, y a partir de 1244 el primer puente del Weser. Hacia 1241 los Monjes Franciscanos fundaron un monasterio y posteriormente edificaron en el s. XIV la iglesia St. Johannis. El barrio prosperó.
El Balge, que corría a través de lo que ahora es el centro del Schnoor, fue particularmente importante ya que proveyó a Bremen del primer puerto fluvial. Las barcazas podían llegar con su carga directamente hasta la plaza del mercado. Para los habitantes del Schnoor el Balge servía además, como canal del desagüe, lo que siempre provocaba numerosas disputas. Por lo cual el concejo de la ciudad obligó a los habitantes a tocar una campanilla antes de vaciar sus orinales, para prevenir a los barcos. De la población original no sa ha preservado nada. Las casas más antiguas que se pueden ver datan del s. XV y cada época siguiente agregó al barrio nuevos estilos de construcciones .
En contraste con muchas otras partes de Bremen, el Schnoor sufrió pocos daños durante la Segunda Guerra Mundial, sin embargo, la pobreza de los habi-

Ein neues Quartier entsteht

1959 entschloss sich der Senat zu einer durchgreifenden Erneuerung des gesamten Gebietes. Entgegen dem Zeitgeist Ende der 50er Jahre verzichtete man auf den Abriss der alten Häuser und entschied sich für eine Sanierung des Schnoorviertels. Mit staatlichen Zuschüssen wurden die Hausbesitzer zur Instandsetzung der heruntergekommenen Bausubstanz in enger Absprache mit der Landesdenkmalpflege ermuntert. Im Inneren wurden die Häuser oft vollkommen modernisiert, während die Fassaden rekonstruiert oder stilecht nachempfunden wurden. Aus ganz Bremen wurden aus Kriegstrümmern geborgene Giebelbekrönungen, Schmucksteine, Wappenplatten, Vasen, Friese, Gesimssteine oder Säulen ins Schnoor gebracht und in den Wiederaufbau integriert. So entstand ein vollkommen neues Quartier mit unzähligen Erinnerungsstücken an das im Zweiten Weltkrieg untergegangene alte Bremen.

Künstler und Kunsthandwerker entdeckten die besondere Atmosphäre des Quartiers und kauften sich Häuser, Ateliers und Wohnungen. Immer mehr Besucher

A new quarter emerges

In 1959, the Senate decided to thoroughly rebuild the whole area. Contrary to the common practice of the late 1950s, the buildings escaped demolition - rather, a meticulous refurbishment was carried out. With some financial support by the State of Bremen the owners were invited to restore rundown constructions in close co-operation with the State Monument Authority. While the interiors were often completely modernised, the facades were either restored to their original state or at least adapted to the historical environment. All over Bremen, the debris of the war was searched for useable historical parts - gable tops and vases, corbels and friezes, pillars and columns, in other terms, all sorts of spolia were brought to the Schnoor and integrated into the reconstruction. So, a completely new quarter emerged with countless reminders of the bygone old Bremen.

Artists and artisans soon discovered the particular atmosphere of the quarter and bought houses, ateliers, and workshops. More and more visitors came to visit what once had been the ugly duckling, and

abimées, en coopération étroite avec l'administration pour la protection des bâtiments.

À l'intérieur, les maisons furent souvent entièrement modernisées, pendant que les fassades furent restaurées ou au moins reconstruites dans le style. Dans toute la ville de Brême on rechercha, dans les débris de la guerre, des pignons, des pierres décoratives, des plaques d'armoiries, des vases, des frisons, des moulures ou des colonnes que l'on apporta au Schnoor et intégra dans la reconstruction. C'est ainsi qu'un quartier tout nouveau naquit avec de nombreux souvenirs de l'ancien Brême démoli pendant la deuxième guerre mondiale.

Des artistes et des artisans découvrirent l'atmosphère spéciale du quartier et s'achetèrent des maisons, ateliers et appartements. De plus en plus de visiteurs vinrent visiter l'ancien »vilain petit canard« et, petit à petit, une gastronomie ambitieuse naquit.

Aujourd'hui, on n' imagine plus une visite de Brême sans aller voir le quartier Schnoor.

Certes, le Schnoor n'est pas une reconstruction du centre ville médiéval, mais c'est devenu un morceau de »vieille ville« très dense, avec beaucoup d'atmosphère. Qui veut, peut

tantes había obstruído ya, décadas anteriores a la guerra, reparaciones y obras de restauración. A tal punto que, a mediados de los cincuentas las casas ofrecían un aspecto deplorable.

Un nuevo barrio emerge

En 1959 el senado decidió una renovación radical de toda el área. Contrariamente a la práctica común de finales de los cincuentas los edificios antiguos escaparon de la demolición y se decidió sanear la zona. Con apoyos financieros de la Ciudad de Bremen, los propietarios fueron invitados a restaurar las destartaladas construcciones, en estrecha cooperación con las autoridades encargadas de la conservación de los monumentos nacionales. Mientras que los interiores fueron completamente modernizados, las fachadas fueron restauradas en su estilo original, o por lo menos adaptadas al ambiente histórico. De todo Bremen fueron traídos objetos rescatados de las ruinas de la guerra para integrarlos en la reconstrucción, por ejemplo: ornamentos de cumbreras, piedras de adornos, blasones, jarrones, frisos, cornisas, colum-

statteten dem ehemaligen »hässlichen Entlein« einen Besuch ab und nach und nach entstand eine ambitionierte Gastronomie.
Heute ist ein Besuch in Bremen ohne Abstecher ins Schnoor Quartier nicht denkbar. Das Schnoor ist zwar keine Rekonstruktion des mittelalterlichen Stadtkerns, aber es ist zu einem atmosphärisch hoch verdichteten Stück »alte Stadt« geworden. Wer will, kann die unzähligen Zeugnisse einer reichhaltigen Bremer Bautradition vom Rokoko bis zum Klassizismus entdecken oder sich einfach an den zahlreichen originellen und originalen Giebeln und Gäßchen erfreuen. Dank eines hochklassigen Kunsthandwerks und vieler hier arbeitender Künstler ist das Viertel bis heute kein Freilichtmuseum: Hier ist jedes Schaufenster eine Entdeckung und vielen Handwerkern kann man bei der Arbeit zusehen. Eine ausgezeichnete und vielseitige Gastronomie tut ihr übriges, um das Schnoor zum heimlichen Herz Bremens zu machen.

soon, an ambitious gastronomy emerged.
Today, no visit to Bremen would be complete without an stroll through the Schnoor. Although it is far from being a reconstruction of medieval or Renaissance Bremen, the Schnoor has turned in an atmospherically very dense piece of »old city«. Those who want may discover countless testimonials of Bremen's rich architectural tradition from the Renaissance to the Classicism or simply enjoy the numerous original and almost original gables and lanes. Thanks to the high-quality craftsmen and artists working here, the quarter has been spared the fate of becoming a mere outdoor museum. Here, every shop window is a discovery and quite a few artisans will let you watch them working. An excellent and varied gastronomy joins in to make the Schnoor the secret heart of Bremen.

découvrir les nombreux témoignages d'une riche tradition architecturale brémoise, qui va du rococo au classicisme ou bien, se réjouir des nombreux pignons originaux et des petites ruelles. Grâce à un artisanat hautement qualifié et aux nombreux artistes qui y ont travaillé, le quartier n'est pas devenu, jusqu'aujourd'hui, un musée à ciel ouvert. Chaque vitrine y est une découverte et l'on peut regarder beaucoup d'artisans pendant leur travail. Une gastronomie variée et excellente s'y ajoute pour faire du Schnoor le cœur secret de Brême.

nas. De la ciudad, hundida en la Segunda Guerra, surgió un barrio completamente nuevo con innumerables recuerdos de la antigua Bremen.
Artistas y artesanos pronto descubrieron la particular atmósfera del barrio y compraron casas, estudios y apartamentos. Más y más gente vino a visitar al »patito feo« y poco a poco surgió una ambiciosa gastronomía.
Hoy es impensable una visita a Bremen sin parar en el Schnoor para hacer una pequeña excursión. El Schnoor no es ninguna reconstrucción medieval de Bremen, pero tiene una sólida atmósfera de ciudad antigua. Quien quiera podrá descubrir incontables testimonios de la rica tradición arquitectónica de Bremen, desde el estilo barroco al clàsico o simplemente disfrutar de las numerosas, originales y casi originales cumbreras y angostas callejuelas.
Gracias a la alta calidad de los artesanos y de los muchos artistas que aquí trabajan el barrio no es hasta ahora ningún museo al aire libre; aquí cada escaparate es un descubrimiento y a muchos de los artesanos se les podrá ver mientras trabajan. Una gastronomía exquisita y variada logra el resto, para hacer del Schnoor el corazón secreto de Bremen.

Versteckt hinter der Nachkriegsbebauung am Tiefer liegt einen Steinwurf von der Weser das älteste Viertel Bremens: Der Schnoor. Zu erkennen sind nur die winzigen roten Dächer und der Dachreiter der St. Johannis-Kirche.

Hidden behind post-war constructions along Tiefer road and within a stone's throw from the River Weser lies the Schnoor, Bremen's oldest quarter. Only the tiny red roofs and the ridge turret of St. John's church are visible.

Caché derrière des constructions d'après guerre sur le Tiefer, à un jet de pierre de la Weser se trouve le plus vieux quartier de Brême: Le Schnoor. On reconnait seulement les petits toits rouges et le clocheton de l'église St. Jean.

Escondido detrás de la construcción posguerra, a lo largo del Tiefer, está situado, a tiro de piedra del Weser, el barrio más antiguo de Bremen: el Schnoor. De la iglesia St. Johannis son visibles solamente las tejas rojas y la cumbrera.

Wer vom Dom kommend das Quartier besucht, ist fasziniert von den kleinen Giebeln und dem mittelalterlich wirkenden Gassengewirr.

Entering the quarter from the Cathedral, one is immediately fascinated by the little gables and the seemingly medieval tangle of lanes.

Si l'on visite le quartier en venant de la cathédrale, on est fasciné par les petits pignons et tout le labyrinthe de petites ruelles à l'allure médiévale.

Quien visita el barrio viniendo de la catedral se fascina con los pequeños tejados a dos aguas y de los callejones aparentemente medievales.

Ursprünglich lag das Schnoorviertel auf einer Insel umgeben von Weser und den Nebenarmen Balge und Klosterbalge. Die kleine Siedlung konnte man nur über die Balgebrücken erreichen. Erst 1838 wurden die Balgen zugeschüttet, heute erinnern in den Gehwegen eingelassene Tafeln an ihren ursprünglichen Verlauf.

Originally, the Schnoor quarter was located on an island surrounded by the River Weser and its branches Balge and Klosterbalge. The little settlement was accessible only via bridges. It was not until 1838 when the two branches were filled up; today, commemorative plates in the pavement remind of their original course.

À l'origine le quartier Schnoor se trouvait sur une île entourée de la Weser et des affluents Balge et Klosterbalge. On ne pouvait atteindre le petit village qu' en traversant les ponts de la Balge. C'est seulement en 1838 que les Balgen ont été comblés. Aujourd'hui, des inscriptions entre les pavés rappellent l'endroit où ils coulaient.

Originalmente el barrio Schnoor se encontraba en una isla rodeada por el Weser, su brazo el Balge y el Klosterbalge. El pequeño poblado estaba comunicado sólo a través de puentes. Sólo a principios de 1938 fueron rellenados los dos brazos; actualmente las placas en el pavimento recuerdan su curso original.

Die Balgen dienten in den engen Gassen als erster Hafen Bremens, später - als die großen Koggen schon lange an der Schlachte ihre Waren löschten - dienten die Weserarme noch als Abwasserkanäle.

Lining the narrow lanes, the Balges - two branches of the Weser - were Bremen's first harbour. Later, when the great cogs would be moored at the Schlachte wharf, the Balges would serve as sewers for the quarter.

Les Balgen entre les ruelles servirent de premier port à Brême. Plus tard - quand les grands voiliers déchargeaient depuis longtemps leurs marchandises à la Schlachte - les affluents de la Weser n'étaient plus que des égouts.

Loa brazos del río sirvieron a Bremen primero como puerto, y mucho después, cuando las grandes carabelas ya descargaban en el muelle Schlachte, seguían sirviendo al barrio como canal de desagüe.

Im Schatten der Domtürme schmiegen sich die ca. 100 Häuser aus dem 15., 16., 18. und 19. Jahrhundert eng zusammen.

Some hundred houses from the 15th, 16th, 18th and 19th century cuddle up in the shadow of the Cathedral's spires.

À peu près 100 maisons du 15ème, 16ème, 18ème, 19ème siècle se blotissent à l'ombre des tours de la cathédrale.

A la sombra de las torres de la catedral se estrechan, una contra otra, las casas de los siglos XV, XVI, XVIII y XIX.

Die ehemalige Klosterkirche St.-Johannis überragt die niedrigen Bauten des Viertels. Wie üblich bei Franziskanerkirchen, wurde auf einen pompösen Turm verzichtet, nur ein bescheidener Dachreiter markiert die Position der Kirche.

The church of St. John's, formerly belonging to a monastery, towers over the quarter's low buildings. As with nearly all Franciscan churches, no pompous spire but only a ridge turret marks out the church's location.

L'ancienne église du cloître St. Jean domine les petits bâtiments du quartier. Comme d'habitude pour les églises franciscaines, on a renoncé à une tour pompeuse et un modeste clocheton seulement aide à localiser l'église.

La antigua iglesia del monasterio, St. Johannis, predomina sobre las contrucciones bajas del barrio. Como es normal entre las iglesias de la Orden Franciscana, se renunció a una torre pomposa; sólo una sencilla cumbrera marca la localización de la iglesia.

Wohl schon im 13. Jahrhundert ließen sich Franziskaner in Bremen nieder. Von ihrer ersten Kirche ist nichts bekannt, aber im 14. Jahrhundert entstand die gotische St. Johannis Kirche, deren kunstvoll gestaltete mächtige Backsteinfassade vom Selbstbewußtsein des Bettelordens zeugt.

The Franciscans came to Bremen as early as the 13th century. Nothing is known about their first church. However, in the 14th century they constructed the ogival St. John's church whose artistically designed mighty brick facade is a testimonial of the beggar order's self-consciousness.

Déja au 13ème siècle, les Fransciscains se sont installés à Brême. On ne connait rien de leur première église, mais au 14ème siècle a été fondée l'église gothique St. Jean dont la puissante fassade, artistiquement façonnée en briques, témoigne de l'assurance de cet ordre mendiant.

Ya en el s. XIII se estableció la Orden Franciscana en Bremen. De su primera iglesia no se sabe nada. Sin embargo, en el s. XIV la Orden construyó la iglesia gótica St. Johannis cuya importante fachada artísticamente configurada, da testimonio de la percepción del ser de la orden de los frailes mendincantes.

Im Zuge der Reformation wurde das Kloster geschlossen, die Kirche als Krankenhaus und später als Asyl für Geisteskranke genutzt. 1816 wurde sie der katholischen Minderheit in Bremen übergeben. Die heutige helle und schlichte Innengestaltung erhielt sie durch die Renovierung 1871/72.

In the course of the Reformation the monastery was closed and the church used as a hospital and later as an asylum for insane persons. In 1816, it was given to the Catholic minority in Bremen. Today's light and rather unassuming interior design goes back to the refurbishment in 1871/72.

Pendant la réformation, le cloître fut fermé, l'église fut utilisée comme hôpital et, plus tard, comme asile d'aliénés. En 1816, elle fut donnée à la minorité catholique de Brême. L'aménagement intérieur d'aujourd'hui, clair et sobre remonte à la rénovation de 1871-72.

En el curso de la Reforma el monasterio fue cerrado y la iglesia fue usada como hospital y más tarde como asilo para enfermos mentales. En 1816 fue entregada a la minoría católica. El actual nítido y casi modesto diseño interior se conservó a través de la renovación de 1871 a 1872.

Der Bremer Architekt Ulrich Tilgner realisierte 2002 den Bau eines katholischen Klosters, das erste seit den Tagen der Reformation. Die Birgitten bieten mitten im Schnoor eine »Tankstelle für Spiritualität und Transzendenz« an.

In 2002, the Bremen-based architect Ulrich Tilgner constructed a new Catholic nunnery, the very first to be built since the Reformation. The Bridgettine nuns (O. Ss. S.) offer a »Refuelling station for spirituality and transcendence« right in the centre of the Schnoor.

L'architecte brémois Ulrich Tilgner a réalisé en 2002 la construction d'un cloître catholique, le premier depuis la réformation. L'ordre des Birgitten (O. Ss. S.) offre une »station service pour la spiritualité et la transcendance« en plein milieu du Schnoor.

Ulrich Tilgner, arquitecto de Bremen, llevó a cabo en el 2002 la construcción de un convento católico, el primero desde los días de la Reforma. Las Monjas Birgitten brindan en el centro del Schnoor una »estación para cargar espiritualidad y trascendencia« (O. Ss. S.).

Der internationale Konvent besteht in Bremen zur Zeit aus acht Frauen. Klausur und Gastfreundschaft prägt die Arbeit des Klosters. Die Ordensfrauen bieten Großstadtmenschen Teilhabe an klösterlicher Ruhe und moderner Spiritualität.

The international convent in Bremen presently consists of eight sisters. Both seclusion and hospitality mark the nunnery's work, the nuns offering modern-day citizens a place of retreat into monastic tranquillity and modern spirituality.

Le couvent international à Brême est composé en ce moment de huit femmes. La clôture et l'hospitalité sont les deux caractéristiques du cloître. Les religieuses offrent aux habitants d'une grande ville, un lieu de tranquilité et de spiritualité moderne.

El convento internacional en Bremen consiste actualmente de ocho mujeres. La reclusión y la hospitalidad definen el trabajo de las monjas. Ellas ofrecen a los ciudadanos de las grandes ciudades un lugar de retiro, una moderna espiritualidad en una tranquilidad de monasterio.

»Hier werden keine Indianer, sondern Häuptlinge ausgebildet« meinte kürzlich ein Professor der Hochschule für Künste, die im Gebäude des ehemaligen Alten Gymnasiums ihren Sitz hat und heute einen hervorragenden Ruf genießt.

»Here we don't train Indians, but Chiefs« – that's how a professor of Bremen's University of Applied Arts put it. The Arts department housed in the former »Altes Gymnasium« (Old College) building enjoys an excellent reputation.

»Ici on ne forme pas des Indiens mais des chefs« comme l'a dit, il y a peu de temps, un professeur de la haute école des arts qui se trouve dans le bâtiment de l'ancien lycée et jouit aujourd'hui d'une excellente réputation.

«Aquí no entrenamos indios sino caciques«, opinó un profesor del colegio mayor de Artes de Bremen, la que tiene su sede en el edificio »Altes Gymnasium« (Antiguo Instituto de Enseñanza Media) y que actualmente tiene una excelente reputación.

Nicht nur Studenten der Hochschule genießen in den Pausen die Abgeschiedenheit des Schnoors, auch junge Gäste der Hansestadt schätzen die idyllischen Orte jenseits der Großstadthektik.

Not only the students from the Applied Arts University enjoy the relative seclusion of the Schnoor during their breaks, also young guests of the Hanseatic city are attracted by the idyllic places far from the hassle of the big city.

Pas seulement les étudiants de la haute école jouissent, pendant leurs poses de l'isolement du Schnoor, mais aussi les jeunes visiteurs apprécient les lieux idyliques loin de l'agitation de la grande ville.

No sólo estudiantes del colegio disfrutan en sus pausas del retraimiento del Schnoor, también jóvenes invitados de la ciudad hanseática se sienten atraídos por sus lugares idílicos, lejos de la agitada vida de la gran ciudad.

1876 wurde das Haus Nr. 6 in der heutigen Kolpingstraße zur Synagoge umgebaut. In der Nacht vom 9. auf den 10. November 1938, der Reichspogromnacht, wurde sie unter Mithilfe von Feuerwehr und Anwohnern von der SA zerstört.

In 1876, the house No. 6 in today's Kolpingstrasse road was converted into a synagogue. On the night of November 9 to 10, 1938 - later called »the Reich's Pogrom Night« - it was destroyed by SA troops with the help of the fire brigade and neighbours.

En 1876, la maison n° 6 de la rue, actuellement Kolping, fut transformée en synagogue. Dans la nuit du 9 au 10 novembre 1938, la »nuit du Reichspogrom«, elle fut détruite par la SA avec l'aide des pompiers et des habitants.

En 1876, la casa número 6 de lo que ahora es la calle Kolpingstrasse, fue convertida en sinagoga. En la noche del 9 al 10 de noviembre de 1938, más tarde llamada »La noche de la Reichspogrom«, fue destruída por las tropas de la SA, con la ayuda de la brigada de bomberos y los vecinos.

Im Turm des Alten Gymnasiums konnten einst die Söhne der großbürgerlichen Familien in der schuleigenen Sternwarte die Geheimnisse des Universums erforschen.

The school's observatory on the tower of the Old College (»Altes Gymansium«) used to allow the sons of the bourgeois families to penetrate into the secrets of the universe.

À l'observatoire situé dans la tour du vieux lycée, les fils de familles bourgeoises pouvaient autrefois explorer les secrets de l'univers.

En el observatorio del la torre del »Altes Gymnasium«, los hijos de familias burguesas podían explorar los secretos del universo.

1856 baute A. Schröder ein Verwaltungsgebäude für die zwei Bremer Landherren, denen die Verwaltung des bremischen Landgebietes anvertraut war. Das Landherrenamt wird heute als Schulgebäude der katholischen St. Johannis-Gemeinde genutzt.

In 1856, A. Schröder constructed an administration building for the two »Landherren«, i.e., governors of the county of Bremen. Today, the »Landherrenamt« is used as a school building by the Catholic St. John's community.

En 1856, A. Schröder construisit un bâtiment administratif pour les deux administrateurs brémois à qui le gouvernement de la région brémoise avait été confié. Le »Landherrenamt« est utilisé aujourd'hui par la paroisse catholique St. Jean comme école.

En 1856, A. Schröder construyó un edificio para la administración pública para dos »Landherren« (N.d.t.: gobernadores de la ciudad de Bremen). Actualmente el »Landherrenamt« es utilizado como edificio escolar de la Comunidad Católica St. Johannis.

Seit über hundert Jahren trifft man sich im Gasthof Kaiser Friedrich zu mitunter auch lauthals geführten Diskussionen. Ein umfangreiches Gästebuch gibt einen Einblick in die illustre Gästeschar, die sich hier einfand.

For over a century, »The Kaiser Friedrich« inn has been a meeting place for (sometimes pretty heated) discussion. A glance into the guest book gives an overview of the many famous visitors who met here.

Depuis plus de 100 ans on se rencontre dans l'auberge »Kaiser Friedrich«, pour des discussions parfois très bruyantes. Un livre d'hôtes volumineux donne un aperçu de la foule d'invités qui s'y sont rencontrés.

Desde hace más de cien años »El Kaiser Friedrich« ha sido lugar de reunión, donde tienen lugar, las algunas veces acaloradas, discusiones. Un extenso álbum de visitantes da una idea de los ilustres clientes que se encontraron aquí.

In dem kleinen »Schifferhaus« am Stavendamm befand sich einst eine Hökerei, in der sich die Schiffer von der nahegelegenen Weser versorgten. Wolfgang Loose, der ein umfangreiches Schnoor-Archiv aufbaute, hat das Haus aus dem 18. Jahrhundert liebevoll in ein kleines Museum verwandelt.

The little »Schifferhaus« (Sailors' House) at Stavendamm originally housed a grocery where the sailors from the nearby River Weser would buy their supplies. Wolfgang Loose, collector of an extensive archive on the Schnoor, lovingly converted the 18th century house into a little museum.

Dans la petite »Schifferhaus« (Maison du Marin), au Stavendamm, se trouvait autrefois un petit commerce oú les matelots de la Weser toute proche s'approvisionnaient. Wolfgang Loose qui a collectionné de nombreuses archives du Schnoor, a transformé avec amour la maison du 18ème siècle en un petit musée.

En la pequeña »Schifferhaus« (Casa del marinero) en Stavendamm se encontraba originalmente una tienda de abarrotes donde se abastecían los navegantes del cercano Río Weser. Wolfgang Loose, quien organizó un extenso archivo del Schnoor, convirtió, con mucho cuidado, la casa del s. XVIII en un pequeño museo

Noch im 15. Jahrhundert legten die Binnenschiffer unterhalb des Schnoors an, um am Stavendamm ein reinigendes Bad zu nehmen. Der Brunnen von Jürgen Cominotto erinnert an diese Zeit und stellt einen Badebottich dar.

Up to the 15th century, inland sailors moored below the Schnoor in order to take a cleansing bath at one of the Stavendamm bathhouses. The fountain by J. Cominotto recalls this era and represents a bathing vat.

Jusqu'au 15ème siècle les bateliers s'arrêtaient auprès du Schnoor pour se laver dans le bain au Stavendamm. La fontaine de Jürgen Cominotto rappelle cette époque, en représentant un bac pour le bain.

Todavía en el s. XV embarcaban los marineros más abajo del Schnoor para tomar un baño depurador en una de las casas de baño en Stavendamm. La fuente de Jürgen Cominotto recuerda ese tiempo y representa una bañera.

Am Stavendamm und im Schnoorviertel befanden sich diverse Schiffsausrüster. Bis heute zeugen entsprechende Geschäfte von dieser Tradition.

Several naval outfitters used to have their workshops at Stavendamm and in the Schnoor quarter, some shops appropriately remind of this tradition.

Au Stavendamm et dans le quartier Schnoor se trouvaient divers magasins pour l'équipement des bateaux. Jusqu'aujourd'hui certains magasins rappellent cette tradition.

En Stavendamm y en el barrio Schnoor se encontraban diversos proveedores de efectos navales. Actualmente algunas tiendas recuerdan apropiadamente esa tradición.

Abseits der Hauptgassen finden sich verschwiegene Winkel und verträumtes Fachwerk. Hier wohnen die Schnoor-Bewohner und genießen die stillen Augenblicke im Quartier.

Off the main lanes one can find peaceful corners and dreamy timber work. Here live the Schnoor's inhabitants enjoying the quiet moments in their quarter.

En dehors des ruelles principales se cachent des coins secrets et des constructions à colombage paisibles. C'est là que vivent les habitants du Schnoor et jouissent des moments tranquilles du quartier.

Fuera de los callejones principales se pueden encontrar apacibles esquinas y enmaderados de ensueño. Aquí viven los habitantes del Schnoor y disfrutan de los momentos tranquilos en su barrio.

Wirthshaus

Zu manchen gemütlichen Hinterhöfen haben nur die Bewohner Zugang.

Some of the cosy backyards, however, are accessible only for the dwellers.

Certaines arrière-cours conviviales sont accessibles seulement par les habitants.

En algunos de los agradables patios traseros, sin embargo, sólo tienen acceso los vecinos.

Die Hauptstraße »Schnoor« gibt dem gesamten Quartier seinen Namen. Wahrscheinlich geht der Name auf das plattdeutsche Wort für »Schnur« zurück, denn die Häuser liegen aneinandergereiht wie an einer Schnur.

The main lane, the Schnoor, lends its name to the whole quarter. Presumably, the name goes back to the Low German word for »string«, for the houses are aligned like the pearls on a string.

La rue principale du Schnoor donne à tout le quartier son nom. Vraissemblablement, le nom vient du mot en bas-allemand pour »Schnur« (fil), car les maisons sont allignées comme des perles sur un fil.

La calle principal, el Schnoor, le da su nombre a todo el barrio. Presumiblemente, el nombre viene de la palabra del dialecto »Platt«: cordón, ya que las casas se encuentran alineadas como perlas en una cuerda.

Erst durch die Eigeninitiative der Schnoor-Bewohner, die mit Engagement und großem finanziellen Einsatz die Häuser liebevoll restaurierten, ist das Quartier zu einem Gesamtkunstwerk geworden.

Only the initiative of the inhabitants who meticulously restored the houses with much personal and financial engagement has turned the quarter into a cultural and artistic entity.

Grâce à la seule initiative des habitants du Schnoor qui ont restauré les maisons avec amour et un grand engagement personnel et financier, le quartier est devenu un chef d'œuvre.

Sólo a través de la propia iniciativa de los vecinos, que con compromiso personal y económico, meticulosamente restauraron las casas, se pudo convertir el barrio en una entidad artística y cultural.

Nicht nur Touristen bummeln durch die verträumten Gassen, auch für Bremer ist das Schnoorviertel eine beliebte Adresse.

Not only the tourists stroll through the dreamy lanes, also the Bremers themselves enjoy the Schnoor quarter.

Les touristes ne sont pas seuls à flâner à travers les ruelles paisibles. Le quartier Schnoor est une adresse qui plaît aussi aux brémois.

No sólo son los turistas los únicos que vagabundean por las calles estrechas de ensueño, también los propios habitantes de Bremen disfrutan del barrio Schnoor.

Friedrich

Erlesene Geschenke, Windvögel und Drachen, Aromen aller Art, Schmuck, Mode, Musikinstrumente, Spieluhren, Keramik, Spielzeug, Basteleien und und und - im Schnoor bietet jedes Schaufenster eine neue Überraschung.

Select gifts, wind-birds and kites, aromas of all sorts, jewellery, fashion, musical clocks and instruments, pastimes and much more - every shop window in the Schnoor offers a new surprise.

Des cadeaux choisis, des cerfs-volants, des arômes de toutes sortes, des bijoux, de la mode, des instruments de musique, des pendules à carillon, des poteries, des jouets du bricolage et beaucoup d'autres choses encore. Dans le Schnoor, chaque vitrine est une surprise.

Selectos presentes, cometas, aromas de todas clases, joyería, moda, instrumentos y relojes musicales, cerámica, juguetes, pasatiempos y mucho más; cada escaparate en el Schnoor ofrece una nueva sorpresa.

Über zwanzig gemütliche Kneipen und hervorragende Restaurants finden sich im Schnoor. Bremische Hausmannskost, mediterrane Küche, katalanische Tapas oder friesische Fischspezialitäten in besonderem Ambiente machen das Viertel zu einem beliebten Ziel für Freunde internationaler Küche.

More than twenty cosy pubs and excellent restaurants can be found within the Schnoor. Typical Bremen or Mediterranean dishes, or everything from Catalan tapas right up to Friesian seafood specialities in a special ambience make the quarter a preferred goal for those who love international cuisine.

Plus de vingt agréables bistrots et excellents restaurants se trouvent dans le Schnoor. De la cuisine typiquement brémoise ou méditerranéenne, des tapas catalans ou des spécialités de poisson frisonnes dans une ambiance particulière, font de ce quartier un but recherché par les amis de la cuisine internationale.

Mas de 20 bares agradables y excelentes restaurantes se pueden encontrar en el Schnoor. Restaurantes con comida típica de Bremen o platillos mediterráneos, toda clase de tapas catalanas o especialidades de pescado de Frisia en un ambiente especial, hacen del barrio el lugar preferido de los amantes de la cocina internacional.

Nach der Sanierung des Schnoorviertels in den 50er und 60er Jahren zog es zahlreiche Künstler und Handwerker ins Quartier. Den meisten kann man bei ihrer Arbeit zusehen.

After the refurbishment of the Schnoor in the 1950s and 1960s, many artists and craftsmen were attracted by the quarter, and quite a few can be watched at work.

Après la rénovation du quartier dans les années 50 et 60, beaucoup d'artistes et artisans furent attirés par le quartier. On peut regarder la plupart d'entre eux travailler.

Después del saneamiento del Schnoor en los años cincuentas y sesentas, muchos artistas y artesanos se sintieron atraídos por él. A la mayoría se les puede ver durante su trabajo.

Vor allem Schmuck wird von den Künstlerinnen und Künstlern hergestellt und in den zahlreichen Galerien des Quartiers gezeigt.

The artists produce mainly jewellery of all kinds that is offered for sale in the various galleries of the quarter.

Surtout des bijoux sont fabriqués par les artistes et sont présentés dans les nombreuses galeries du quartier.

Los artistas producen principalmente joyería que es ofrecida a la venta en las galerías del barrio.

An der engsten Stelle der Wüstestätte liegt das »Hochzeitshaus«, das kleinste Hotel der Welt. Solche Hochzeitshäuser dienten in mittelalterlichen Städten den Paaren, die vom Land kamen, um im Dom zu heiraten. Nicht nur für die Flitterwochen bietet das Häuschen heute eine traumhafte Suite.

Right on the narrowest spot of Wüstestätte lane you will find the world's smallest hotel, the »Hochzeitshaus« (Wedding House). Formerly, such houses served couples from the country who were married at the Cathedral; today, the house's wonderful suite is open for everyone.

À l'endroit le plus étroit de la Wüstenstätte se trouve la »Hochzeitshaus« (maison du mariage), le plus petit hôtel du monde. Telles maisons de mariage servaient, dans les villes médiévales, aux couples qui venaient de la campagne á se marier à la cathédrale. Aujourd'hui, la merveilleuse chambre avec suite n'est pas seulement pour les lunes de miel.

En la parte más angosta del callejón Wustestätte se puede encontrar el hotel más pequeño del mundo, el »Hochzeitshaus« (Casa nupcial). Antiguamente esas casas servían en ciudades medievales a las parejas que venían de la provincia a casarse a la Catedral; actualmente la hermosa suite está disponible para todo el que la desee.

Dieser schmale Gang führt am Hochzeitshaus vorbei zur Wüstestätte. So bezeichnete man einst unbebaute Grundstücke in der Stadt.

This narrow passage runs by the Wedding House and leads to the Wüstestätte (»Wasteland«), formerly the name for a lot of land within the city that was not built upon.

Ce passage étroit conduit, au delà de la maison de mariage, vers la Wüstenstätte. C'est ainsi qu'on désignait autrefois les terrains vagues dans la ville.

Este pasaje angosto pasa por la »Hochzeitshaus« y lleva a la Wüstestätte («Despoblado«); así se le nombraba a una gran extensión de terrenos no construídos en la ciudad.

Das Packhaus an der Wüstestätte mit der Jacobus-Major Figur wurde 1661 von der Jacobis-Brüderschaft gekauft, um der Satzung der Brüderschaft gemäß 12 verarmten Witwen eine Bleibe zu geben. 1819 wurde das Haus verkauft und zu einem Packhaus umgebaut.

The Packhaus on Wüstestätte with its statue of St. James the Elder was bought by the Brotherhood of St. James in 1661 in order to provide housing to twelve widows in accordance with the Brotherhood's statutes. In 1819, the house was sold and converted into a warehouse (hence its German name).

La Packhaus à la Wüstenstätte avec la statue de Jacques Major a été achetée en 1661 par la confraternité St. Jacques pour, selon la règle de la confraternité, donner un logis à douze veuves pauvres. En 1819 la maison a été vendue et transformée en entrepôt.

La Packhaus en la Wüstestätte con la estatua de Jacobus Major fue comprada por la Hermandad de Santiago el Mayor en 1661 para proveer de alojamiento a 12 viudas, de acuerdo con los estatutos de la Hermandad. En 1819 la casa fue vendida y convertida en un almacén (de aquí su nombre en alemán).

Im Packhaus befindet sich heute die multimediale Ausstellung »ZeitRaum«. Das Besondere: Die Zuschauer können in verschiedenen Rollen die Geschichte Bremens »erleben«.

Today, the Packhaus houses the multi-media exhibition »ZeitRaum« (»TimeSpace«). Worth mentioning: In various roles, the visitors may really »experience« the history of Bremen.

Dans l'entrepôt se trouve aujourd'hui l'exposition multi-media »ZeitRaum« (tempsespace). L'originalité: les spectateurs peuvent »expérimenter« l'histoire de Brême dans des rôles différents.

En el Packhaus se puede ver la exhibición multimedia »Zeit Raum« (»Tiempo Espacio«). Lo especial: el visitante puede »desempeñar« diferentes papeles en la historia de Bremen.

Seit 1976 residiert das »Packhaustheater« in einem umgebauten alten Packhaus direkt an der Weser. Geboten wird Kabarett, Schauspiel, Kleinkunst, Chansons, Musik, und im »Theatrium« befindet sich ein Puppen- und Marionettentheater.

Since 1976, the »Packhaus Theatre« has been residing in a converted warehouse on River Weser. The theatre offers cabaret and theatre as well as music performances, and the »Theatrium« houses a puppet and marionette theatre.

Depuis 1976, le théatre Packhaus réside dans un vieil entrepôt transformé, directement au bord de la Weser. On y propose du cabaret, des pièces de théatre, des chansons et de la musique et au »Theatrium« il y a un théatre de poupées et de marionettes.

Desde 1976 el »Packhaus Theater« reside en un viejo almacén convertido en teatro, directamente en el Río Weser. El teatro ofrece cabaret, obras de teatro, así como representaciones musicales. El »Theatrium« se encuentra un teatro de títeres y marionetas.

Jürgen Heinrich Keberle war wohl der bekannteste Schnoor-Bewohner. Mit seinem Krückstock und flotten plattdeutschen Sprüchen wurde er als »Heini Holtenbeen« stadtbekannt.

Jürgen Heinrich Keberle was probably the most famous of all inhabitants of the Schnoor. With his walking stick and his witty Low German sayings, »Heini Holtenbeen« (»Henry Peg-Leg«) became famous all over Bremen.

Jürgen Heinrich Keberle était l'habitant le plus connu du quartier Schnoor. Avec sa canne tordue et ses reparties amusantes en bas-allemand, il fut connu comme »Heini Holtenbeen« dans toute la ville.

Jürgen Heinrich Keberle fue probablemente el más famoso de todos lo habitantes del Schnoor. Con su bastón y sus dichos en »Platt«, »Heini Holtenbeen» (»Enrique pierna de palo«) llegó a ser conocido en todo Bremen.

»Ottjen Alldag«, eine Romanfigur des Bremer Erzählers Georg Droste, ist gegenüber dem Institut für niederdeutsche Sprache ein Denkmal gesetzt. Der früh erblindete plattdeutsche Literat hatte während seiner Arbeit als Korbmacher seine stark autobiografisch geprägten Erzählungen verfasst.

»Ottjen Alldag«, a character by the Bremer novelist Georg Droste, has a monument of its own just opposite the Low German Language Institute. The basket-weaver Droste had lost his eyesight early and wrote his strongly autobiographical Low German tales at work and after hours.

»Ottjen Alldag«, un personnage de roman du conteur brémois Georg Droste, a son monument en face de l'institut pour la langue bas-allemand. Devenu tôt aveugle, l'écrivain bas-allemand avait, pendant son travail comme vannier, écrit ses nouvelles très autobiographiques.

»Ottjen Alldag«, un personaje del novelista de Bremen Georg Droste, tiene su monumento enfrente del »Instituto del Dialecto Platt«. El escritor, artesano de muebles de mimbre quien quedó ciego muy joven, escribió durante su trabajo artesanal, sus narraciones en bajo alemán, las cuales son fuertemente autobiográficas.

Das Institut für niederdeutsche Sprache ist eine überregional wirkende wissenschaftliche Einrichtung zur Pflege und Förderung der niederdeutschen Sprache, Literatur und Kultur. Die Bibliothek im Haus umfasst 13.000 Bände.

The Institute for Low German Language is a supraregional scientific institution for the preservation and fostering of Low German language, literature, and culture. The library in this house comprises some 13,000 volumes.

L'institut pour le bas-allemand est un établissement scientifique pour la préservation et la protection de la langue bas-allemand. La bibliothèque dans la maison a 13 000 volumes.

El »Instituto del Dialecto Platt« es una institución científica suprarregional para la preservación y promoción de ese idioma y de su correspondiente literatura y cultura. Su biblioteca contiene 13 000 volúmenes.

WALDEMAR KOCH
HAUS

1971 gründeten Bremer Journalisten in bester demokratischer Tradition den Bremer Presseclub, der seinen Sitz im Waldemar Koch Haus hat. Hier finden Vorträge, Diskussionsveranstaltungen und Fotoausstellungen statt, im Erdgeschoss bietet das Haus einen Mittagstisch, nicht nur für Journalisten.

In 1971, a group of Bremer journalists founded the Bremen Press Club in the best democratic tradition. The Club, based at the Waldemar Koch House, offers lectures, discussions and photographic exhibitions as well as lunch facilities not only for journalists.

En 1971, les journalistes brémois fondèrent dans la meilleure tradition démocratique le club de presse brémois qui se trouve dans la maison Waldemar Koch. Des conférences, des discussions et des expositions y ont lieu et au rez-de-chaussée il y a la possibilité de déjeuner, pas seulement pour les journalistes.

En 1971 un grupo de periodistas de Bremen fundó el Club de Prensa en la mejor tradición democrática, que tiene su sede en la casa Waldemar Koch. Aquí tienen lugar conferencias, foros de discusiones y exhibiciones fotográficas. En la planta baja se ofrecen almuerzos, no sólo para los periodistas.

Überall an den Fassaden der restaurierten Häuser finden sich aus Kriegstrümmern geborgene Schmuckstücke aus dem alten Bremen.

Everywhere on the facades of the restored buildings you will find spolia of old Bremen recovered from the debris of the World War II.

Partout sur les fassades des maisons restaurées se trouvent des décorations de l'ancien Brême, sauvées des ruines de la guerre.

Por todos lados se encuentran en las fachadas de las casas restauradas, adornos de la antigua Bremen, recobrados de los despojos de la Segunda Guerra Mundial.

Eine Besonderheit ist die Sonnenuhr von 1727 mit der rätselhaften Buchstabenfolge WDSSKSVGUZ – DGLPSD. Der frühere Denkmalpfleger Karl Dillschneider vermutete, sie stände für »Wenn die Sonne scheint, kündet sie von Gott unsere Zeit – Deutet Gott Lob Preis sei Dir.«

A special curiosity is this sundial from 1727 with the enigmatic inscription WDSSKSVGUZ – DLPSD. The former preservation superintendent Karl Dillschneider presumed that they stand for the German sentence »When the sun shines he tells the time from our Lord – Show God [that] praise be Thee.«

Le cadran solaire de 1727 avec les inscriptions énigmatiques WDSSKSVGUZ – DGLPSD est une curiosité. L'ancien directeur pour l'entretien des bâtiments Karl Dillschneider estimait qu'elles voulaient dire: »Quand le soleil brille, il fait savoir le temps de notre Dieu. Montre Dieu, loué sois tu.«

Una particularidad es el reloj de sol que data de 1727 con la enigmática inscripción: WDSSKSVGUZ – DGLPSD. El antiguo responsable de los monumentos Karl Dillschneider presumió que ella venía de la oración en alemán: »Cuando el sol brilla narra del tiempo de Dios. Mostrad a Dios vuestra alabanza.«

Zur Weihnachtszeit verwandelt sich das Schnoorviertel in ein märchenhaftes Stadtquartier.

At Christmas time, the Schnoor turns into a really fairy-tale quarter.

Autour Noël, le quartier Schnoor se transforme en un conte de fée.

En la época de navidad se transforma el Schnoor en un barrio de cuento de hadas.

WOLFGANG FALZ
GOLDSCHMIEDE
& GALERIE
Katzen-Café

Die Architekten Goldapp und Klump realisierten an der Marterburg ein postmodernes Wohnquartier, dass die Formensprache des Schnoor spielerisch aufnimmt und zu den streng-monumentalen Bauwerken oberhalb des Schnoor vermittelt.

On Marterburg lane, the architects Goldapp and Klump realised a post-modern living quarter that picks up the world of form of the Schnoor in a playful manner and links the quarter to the austere and monumental constructions above it.

Les architectes Goldapp et Klump ont réalisé, au Marterburg, un quartier post-moderne qui reprend les formes du Schnoor d'une façon légère et fait la transition avec le quartier aux monuments sévères au dessus du Schnoor.

En el callejón Marterburg, los arquitectos Goldapp y Klump diseñaron un barrio de viviendas posmoderno que incorpora el idioma de las formas del Schnoor de una manera juguetona, al de las estrictas construcciones monumentales más allá del mismo.

Durch das kleine bunte Quartier führt der Weg hinaus aus dem Schnoor zurück in die quirlige Innenstadt Bremens - es ist, als ob man wieder auftaucht in der Gegenwart.

It is through this colourful block that the way leads out of the Schnoor and back into the lively centre of Bremen - as if one were emerging into the present from a distant past.

À travers le petit quartier multicolore le chemin reconduit à l'extérieur du Schnoor, vers le centre tourbillonant de Brême. C'est comme si l'on émergeait dans le présent.

Esta pequeña y colorida manzana lleva por el camino que sale del Schnoor y guía de regreso al turbulento centro de Bremen; es como si uno fuera emergiendo del pasado al presente.

Lutz Liffers (Text)
Ulrich Perrey (Fotos)
Jörg Sarbach (Fotos Kloster S. 22/23)

Übersetzung
Helmut P. Einfalt (Englisch), Beatrice Zimmermann (Französisch), Carmen Ocampo (Spanisch)

1. Auflage 2004

Hohenlohestr. 21 - 28209 Bremen
Tel. 0421-3 48 43-0 - Fax 0421-34 80 94
info@edition-temmen.de
www.edition-temmen.de

Gesamtherstellung: Edition Temmen

ISBN 3-86108-908-4